PROPAGATION ET RÉALISATION

POPULAIRES

DE LA

SCIENCE SOCIALE.

LE CREDO SOCIALISTE.

SIÉGE DE LA SOCIÉTÉ,

BOULEVART SAINT-MARTIN, 43, A PARIS.

Se trouve dans tous les Dépôts de Publications démocratiques.

1849.

LE
CREDO SOCIALISTE

OU

PRINCIPAUX GÉNÉRAUX

D'ORGANISATION POLITIQUE ET SOCIALE

PAR H. DAMETH.

LE CREDO SOCIALISTE

OU

PRINCIPES GÉNÉRAUX

d'Organisation sociale et politique.

———◆———

Préambule.

C'est de l'*ignorance*, condition primitive de l'homme
et des sociétés, que sortent tous les fléaux qui nous ac-
cablent :

L'égoïsme,

La misère,

Les fausses doctrines,

Les lois injustes, etc., etc.

Ces fléaux pervertissent l'homme et le condamnent à
d'horribles souffrances !...

Mais une espérance immortelle le soutient !... La
souffrance même force l'humanité à développer les ressources de sa nature. Sous l'aiguillon de la nécessité, le
travail féconde la terre, crée l'industrie et la richesse ;
l'étude mûrit la raison de l'homme, anéantit successi-
vement toute superstition, tout préjugé, toute erreur.
Sur les ruines des sociétés subversives, s'élèvent des sociétés moins ignorantes et moins injustes. L'humanité

prend possession de sa puissance et déchire le voile qui lui cachait sa véritable destinée.

1.

La Destinée.

L'homme naît libre, intelligent et bon.

Par son intelligence, l'homme marche à la *vérité*.

Par sa liberté, l'homme aspire au *bonheur*.

Par sa bonté, l'homme veut la *justice*.

Vérité, bonheur, justice, voilà les éléments de la *destinée humaine*.

La vérité et la justice sont la route, le bonheur est le but.

2.

La Science.

La vérité pour l'homme, c'est la *science*.

L'empire du monde lui appartient. Tous les ténèbres s'évanouissent devant elle. « La raison de l'homme est » infaillible dans tout ce qu'elle voit clairement et dis- » tinctement. » (DESCARTES.)

Par la science, l'homme sépare le vrai du faux, le juste de l'injuste ; il lit dans les profondeurs infinies de l'espace, il lit dans le passé et dans l'avenir.

Par la science, l'homme fait des éléments ses esclaves, il plie toutes les puissances de la nature à l'œuvre de sa destinée.

3.

La Justice.

La justice, c'est le *droit*.

Le droit de l'homme embrasse :

La satisfaction de ses besoins,

La culture de ses facultés,

L'expansion de ses sentiments,

Le perfectionnement de sa nature.

4.

La Société.

Pour réaliser la destinée de l'homme, c'est-à-dire pour le conduire au bonheur par la science et la justice, les forces isolées de chacun ne suffisent pas ; il est nécessaire que l'homme vienne au secours de l'homme.

Cette nécessité de secours mutuel, inhérente à notre nature, est la base vraie de la société.

L'état de nature pour l'homme est donc l'état social.

Le bonheur de chacun repose donc sur le concours des efforts de tous.

§.

On objecte que la contradiction et la guerre apparaissent entre tous les éléments de la vie universelle. Le plus fort écrase le plus faible ; les êtres se dévorent entre eux.

Oui, mais cette loi mystérieuse de la fatalité s'arrête au seuil de l'âme humaine.

Avec la liberté et l'intelligence commence l'amour du vrai et du juste qui donne aux actions de l'homme toute leur valeur morale.

D'ailleurs, c'est au nom de la nécessité, répétons-le, que la loi du secours mutuel s'impose à nous.

Voici les faits :

Abandonné à lui-même, chaque homme pourvoirait à peine et misérablement à ses premiers besoins physiques, loin de s'élever au bien-être et au luxe, véritables conditions de sa nature.

Il vivrait encore moins par l'intelligence, sans le concours des lumières de ses semblables, sans un échange perpétuel d'idées.

Pour donner satisfaction à ses sentiments, à ses *besoins d'aimer*, l'homme réclame une famille, des amis, une patrie, l'humanité tout entière.

Ainsi, pas une face de la vie humaine, corps, intelligence et cœur, sur laquelle ne s'étende la loi de solidarité, sur laquelle ne pèse l'obligation réciproque du secours.

5.

La Solidarité.

La loi de solidarité qui lie la destinée des hommes, embrasse :

Toutes les générations successives,

Tous les membres d'une nation,

Toutes les nations du globe.

En effet :

1° Chaque génération transmet à l'avenir le fruit de ses travaux et achemine l'humanité vers son but. « L'hu- » manité est comme un seul homme qui vit toujours et » qui apprend sans cesse. » (Pascal.)

Ce mouvement continu des générations s'appelle le *progrès.*

2° Chaque individu, chaque famille, chaque classe d'une nation vivant constamment sur le fonds des efforts communs, ne sauraient échapper aux conditions et aux obligations communes.

3° Chaque nation forme aussi comme un seul homme qui, par ses ressources, ses idées et ses institutions, influe plus ou moins sur le sort des autres peuples et concourt à la réalisation des destinées générales.

Cette religieuse solidarité des générations, des citoyens et des peuples, constitue le dogme de l'unité humaine et impose à notre raison comme à notre cœur le sublime précepte du Christ : fraternité universelle.

6.

Les Institutions sociales.

Secours mutuel, garantie réciproque du droit, solidarité de bonheur et de malheur, on ne saurait trouver d'autre principe légitime aux institutions sociales et aux lois.

Cependant, jusqu'à ce jour, les lois, au lieu de garantir à chaque homme la jouissance de ses droits naturels, c'est-à-dire la satisfaction de ses besoins, la culture de son esprit, l'expansion de ses sentiments, le perfectionnement de sa nature; les lois ont oublié ou détruit ces droits à l'égard de l'immense majorité des hommes. Ces lois étaient injustes.

Or, toute loi injuste, toute violation du droit, produit la haine entre les hommes et prépare des vengeances.

Voilà pourquoi les sociétés de l'esclavage et du prolétariat périssent.

Voilà pourquoi tout despotisme s'abîme dans une révolution.

UNE SEULE SOCIÉTÉ EST POSSIBLE, LA SOCIÉTÉ DE LA JUSTICE.

7.

Le Droit et le Devoir.

La justice sociale a deux faces : le *droit* et le *devoir*.

Respecter et servir le droit de chacun, voilà le devoir de tous.

Respecter et servir le droit de tous, voilà le devoir de chacun.

Le devoir n'est que la réciprocité du droit.

La nature ne créant pas d'homme qui puisse se passer du secours des autres hommes, aucun être humain ne vit au-dessus ni au-dessous du droit et du devoir.

Quiconque ne posséderait pas de droit, n'aurait pas de devoir.

8.

Le Droit commun.

De cette conception absolue du droit et du devoir, il résulte :

Que le seul droit légitime de chaque homme fondé

sur les conditions de sa nature, c'est le DROIT COMMUN à tous ;

Que tout privilége de droit ou de devoir attribué à certains hommes, est un attentat contre le droit commun ;

Que tous les progrès accomplis violemment ou pacifiquement dans l'ordre politique et social, n'aboutissent pas à autre chose qu'à la destruction des priviléges et à la constitution du droit commun.

Tels sont les principes supérieurs proclamés par toutes les théories socialistes ; nous allons en déduire :

1° Le dogme social ;

2° Le dogme politique ;

DOGME SOCIAL.

9.

Le Droit de vivre.

La première expression du droit commun, le résumé de tous les droits naturels et sociaux , c'est *le droit de vivre*.

Le droit de vivre vient de Dieu. Il précède toute loi humaine. Chacune des puissances de l'être le proclame, l'exige.

Mais la vie de l'homme n'est pas celle de la plante ou celle de l'animal. Elle embrasse tous les éléments de sa nature: le corps, l'intelligence, le cœur.

Garantir à l'homme son droit de vivre selon la dignité de sa nature, voilà toute la science sociale.

Le droit de vivre comprend donc tous les droits.

10.

Le Droit au travail.

Tous les moyens fournis par la nature à l'homme, pour soutenir et développer sa vie, peuvent être ramenés à un seul, le TRAVAIL.

Le travail, au fond, c'est la vie elle-même.

Action, production, travail, vie, sont une même chose ; inaction, stérilité, paresse, mort, aboutissent au même point.

Pas d'agriculture, pas d'industrie, pas de science, pas de progrès sans travail.

Réclamer pour tout homme le droit au travail, c'est réclamer son droit à la vie, au bien-être du corps et de l'esprit, à la liberté, au bonheur.

11.

La Propriété.

Le but général du travail, c'est la production des richesses.

La richesse produite forme la propriété du producteur.

Le droit de propriété n'est donc que le droit de jouir des fruits de son travail.

La garantie des fruits du travail est sacrée au même titre que le travail lui-même.

La propriété première de chaque homme, c'est la libre disposition de son âme, de ses organes, de ses facultés ; en deux mots, c'est le droit de vivre.

La seconde, qui ne tire sa légitimité que de la première, c'est la libre disposition des fruits de son travail.

12.

L'instrument de travail.

Pourquoi dire : *droit au travail*, quand le travail est l'obligation, la nécessité de la vie ?

Parce que pour atteindre au but du travail, qui est la production, il ne suffit pas de vouloir, il faut au travailleur *l'instrument*.

L'instrument du travail humain est double : *intellectuel* et *matériel*.

L'instrument intellectuel de travail réside dans :

1° L'éducation ;

2° L'apprentissage des métiers, des arts, des fonctions, etc.

L'instrument matériel consiste dans :

La terre, les outils, les machines, les matériaux, l'argent ; ou, pour tout réduire à un mot, dans *le capital.*

Droit au travail signifie donc :

1° Droit à l'éducation générale et professionnelle ;

2° Droit au capital, ou garantie perpétuelle du travail.

13.

Liberté du travail.

Mais dans les sociétés avancées, le capital est *approprié*, c'est-à dire qu'il appartient exclusivement à une partie des hommes.

Cette appropriation est-elle légitime?

Ici distinguons nettement le principe, le DROIT, du FAIT existant.

§. 1ᵉʳ.

En DROIT, on ne saurait reconnaître pour légitime d'autre propriété que celle des fruits du travail.

Or, la terre est-elle le fruit du travail humain?

Non. Elle n'appartient donc à aucun homme en particulier, et demeure comme instrument commun, donné par Dieu à l'espèce entière, pour y puiser les éléments de sa vie.

Mais l'amélioration de la terre par la culture, et le développement des richesses naturelles par l'industrie et les arts, ne sont-ils pas les fruits du travail?

Oui.

Ils appartiennent donc à ceux dont le travail les a créés.

Or, qui sont ceux dont le travail les a créés? Nous répondons sans hésitation :

LA SOCIÉTÉ TOUT ENTIÈRE.

Savoir :

1° Les générations d'opprimés, qui, sous le nom d'esclaves, de serfs, de prolétaires, ont, pendant tant de siècles, fécondé le sol et produit toutes les richesses, pour le profit des représentants de la conquête, des envahisseurs à main armée , des privilégiés de la terre et du ciel. C'est l'origine de toutes les sociétés.

2° Les hommes de génie et de science qui ont inventé les outils et les machines, découvert les procédés, perfectionné tous les moyens de produire.

3° Les légions guerrières qui ont défendu au prix de leur sang la terre et l'honneur de la patrie.

4° Les hommes d'État, les chefs et administrateurs de tout degré, qui ont organisé et dirigé la production et l'économie sociale.

La culture du sol et l'amélioration universelle des choses résument donc éminemment la *solidarité des efforts* de tous dans le passé, *la solidarité des droits* de tous, dans l'avenir, et par là même, établissent invinciblement le droit de chaque travailleur à l'instrument du travail tel que nous l'avons défini plus haut.

§. 2.

Examinons maintenant le FAIT existant.

On ne saurait nier que jusqu'ici, l'appropriation exclusive des instruments de travail , ait été non-seulement admise et légitimée par l'opinion et les lois, mais encore qu'elle fût nécessaire.

En effet , tant que la société n'a pas conçu et réalisé des garanties suffisantes d'existence et de liberté pour chaque homme;

Tant que les moyens d'attribuer au travailleur sa part vraie dans la richesse sociale, sans empiéter sur les droits de tous à l'instrument de travail, ne sont pas découverts et organisés ;

En un mot, tant que la société humaine, par le fait de l'ignorance, se réduit à un *sauve qui peut* général;

Il faut reconnaître que l'appropriation exclusive du capital sous toutes formes, n'est que l'exercice de l'instinct de la conservation personnelle.

Il faut reconnaître aussi que l'appât de la possession exclusive, et la spéculation égoïste ont puissamment excité l'esprit de progrès. « Car, dit Rousseau, on travaille bien quand on travaille pour soi », et que dans les temps modernes surtout, elles ont servi la cause de la liberté en même temps qu'elles ont accru les ressources sociales.

Mais le jour est venu où la conscience humaine perce les ténèbres qui l'enveloppaient.

Le DROIT IMPRESCRIPTIBLE se lève : le règne du *fait* est passé. Rien n'est possible désormais, hors la science et la justice.

Que faire donc ?...

Si le travailleur attend, comme par le passé, du bon plaisir du capitaliste son instrument de travail, le travail n'est ni libre ni assuré : le peuple vend sa vie au rabais ; sa misère est incurable, son affranchissement impossible. C'est le régime du *salariat*, dernière forme de l'esclavage sur la terre.

Si le capital est livré au travailleur malgré la volonté du possesseur, le principe de la libre disposition des fruits du travail est détruite. La guerre sociale éclate.

Si enfin, un partage égalitaire du sol et des capitaux est fait entre les hommes, c'est encore la lutte entre tous, aboutissant à une nouvelle domination du faible ; c'est encore la misère pour tous ; c'est la faiblesse de l'isolement mise à la place de la force de l'union; c'est, en un mot, le renversement de cette loi de SOLIDARITÉ qui constitue toute la puissance de notre nature.

Entre ces abîmes : *salariat, guerre sociale, misère universelle*, il y a un monde.

Ce monde c'est l'ASSOCIATION.

14.

L'Association.

L'association est un contrat librement consenti entre un certain nombre d'hommes, et, par conséquent, basé sur le droit commun, afin d'atteindre un même but par l'union des forces et des ressources et pour le plus grand avantage possible de chacun des associés.

L'association n'est pas seulement le terme de conciliation entre le capital et le travail, elle ouvre la seule route possible vers la JUSTICE PARFAITE et vers la FRATERNITÉ par la destruction de la misère.

15.

Destruction de la Misère.

Donner à chaque homme la garantie du travail n'est rien encore, si vous laissez le travailleur isolé, réduit à ses propres forces et luttant contre tous.

La garantie du travail avec l'isolement des intérêts ne serait que la garantie de la misère et de l'abrutissement. On n'aurait fait que rendre moins inégale la guerre universelle des producteurs, *la concurrence anarchique*.

La solidarité est la condition absolue de la vie humaine : nous l'avons démontré.

L'union fait la force.

Dix hommes travaillant de concert, produisent, non pas comme s'ils travaillaient isolés, mais le double.

Vingt hommes associés produisent plus que soixante, abandonnés à eux-mêmes.

Pour cent, pour mille travailleurs, la progression ne fait que grandir.

Pourquoi ?

1° Parce que l'association économise les ressorts, les instruments, les matériaux, tous les frais ;

2° Parce qu'elle organise toutes les forces unitairement et tire de chacune le meilleur parti possible ;

3° Parce que la concentration des ressources crée une puissance de moyens que les ressources isolées ne sauraient atteindre ;

4° Parce que l'association reposant sur la liberté et tenant compte à chaque travailleur de ses efforts personnels, l'émulation, la bonne concurrence, loin de s'éteindre, grandit et exalte jusqu'à son apogée l'énergie du travailleur ;

5° Parce que cette *bonne concurrence*, tout à l'opposé de la *concurrence anarchique* qui détruit les forces et les richesses les unes par les autres, aboutit au bien général de la production et profite aux vaincus eux-mêmes.

L'association est donc la loi scientifique de la production des richesses.

16.

La Justice parfaite.

Si l'on cherche à se former une notion de LA JUSTICE PARFAITE ET DE LA FRATERNITÉ ENTRE LES HOMMES, on sent que cette idée ne saurait se réaliser ailleurs, que dans une société dont chaque membre donnerait tout ce qu'il est capable de donner de force, d'intelligence et de dévouement à ses semblables, et recevrait de la société en échange tout ce que comporte la satisfaction large, complète de ses besoins physiques, intellectuels et moraux.

On peut donc exprimer la notion de JUSTICE ET DE FRATERNITÉ PARFAITE entre les hommes par cette formule :

DE CHACUN SELON SES FORCES.

A CHACUN SELON SES BESOINS.

Mais quel chemin conduit vers ce grand idéal ? Un seul : l'ASSOCIATION.

§. 3.

Nous le démontrons.

D'un côté, l'homme travaille avec d'autant plus d'énergie, que sa fonction est mieux appropriée à ses forces, à sa vocation, à son intérêt, à toutes les aspirations de sa nature. De l'autre côté, le travail de chaque homme est d'autant plus fructueux, qu'il se combine plus puissamment avec le travail des autres.

Voilà deux propositions d'une égale évidence.

Pour obtenir du travailleur toute la somme d'efforts dont il est capable, il faut donc, avant tout, que sa propre volonté l'y entraîne; il faut qu'il travaille librement et passionnément.

Aussi, toutes les sociétés basées sur la contrainte demeurent-elles misérables.

La société qui réunira au plus haut degré la liberté individuelle à la solidarité générale, sera donc celle où le travailleur apportera la somme d'énergie la plus grande et la plus féconde, et par conséquent où il produira le plus.

Voilà pour le premier point de la formule, *de chacun selon ses forces.*

Mais qui ne voit que c'est précisément la société qui obtiendra le plus de travail de chaque homme et, par là même, sera le plus riche possible, qui *seule* se trouvera en mesure de réaliser la formule, *à chacun ses besoins*, c'est-à-dire de procurer à tous ses membres la satisfaction de plus en plus large de leurs besoins de tout ordre.

Avant tout, il faut accroître les richesses par la LIBERTÉ. La répartition équitable en naîtra.

Évidemment, aujourd'hui, et pendant longtemps encore, la satisfaction des premières nécessités de la vie pour tous est seule possible.

Mais à mesure que l'Association LOI SCIENTIFIQUE DE LA PRODUCTION DES RICHESSES multipliera les ressources générales, le cercle des besoins s'élargira jusqu'à celui des jouissances.

Enfin, un jour viendra, nous en avons la foi profonde, où, par les bienfaits de l'association universelle, l'humanité, reine du globe, aura non-seulement terrassé la misère, mais encore résolu le redoutable problème de l'accroissement de population, et ouvrira à toutes les jouissances dignes de notre nature, une carrière aussi illimitée que le bonheur!

17.

L'Association partielle.

Pour éteindre le paupérisme, suffit-il d'associer entre eux les membres de chaque atelier?

Non.

Suffit-il d'associer les ateliers d'une même profession?

Non

Suffit-il d'associer entre elles toutes les professions industrielles?

Non.

L'association dans l'atelier, dans une profession, dans l'industrie entière, ne saurait remédier aux souffrances de tout le corps social et, par conséquent, assurer à l'industrie elle-même l'écoulement de ses produits. Elle ne préviendrait donc pas les chômages.

Elle ne rendrait pas le travail plus doux et plus salubre.

Elle laisserait subsister la guerre entre l'industrie et les autres branches de l'activité sociale : l'agriculture, le commerce, les fonctions publiques, les arts, etc.

Elle reconstituerait les castes et opposerait un éternel obstacle à l'unité sociale.

18.

L'Association intégrale.

C'est l'agriculture, mère nourricière de l'humanité, source première de la vraie richesse, qui doit être la base de la solidarité sociale.

C'est en combinant les travaux de l'agriculture avec ceux de l'industrie, avec le commerce, avec les arts, etc., qu'on garantira le travailleur contre les chômages;

Que chaque industrie, chaque homme uni d'intérêt avec tous les autres, concourra au développement régulier de toutes les branches de production par une consommation toujours croissante.

C'est en ramenant l'homme vers la nature et en variant ses occupations, qu'on le retrouvera bon, fort et intelligent, ainsi qu'il sort des mains de Dieu, et que le travail transformé deviendra aussi noble et aussi *attrayant* qu'il a été, dans le monde de la misère, odieux et méprisé.

19.

La Commune.

Cette association immense de tous les éléments de la production et de la consommation générale, apparaît d'une pratique facile et simple, si on en pose le premier degré dans la commune.

La commune est un petit monde.

Toutes les fonctions essentielles de la vie sociale y sont résumées.

Organisons l'association intégrale dans la commune; puis, considérant la commune comme un seul travailleur, nous l'associerons aux autres communes qui l'environnent.

De l'unité de canton par l'association des communes, nous monterons à l'unité de province, de l'unité de province à l'unité de la République.

Bientôt débordant sur le monde, la République sociale conviera, par son exemple, tous les groupes de la famille humaine à briser leurs chaînes et à prendre place au banquet de la fraternité.

S.

Voilà le dogme social dans ses notions premières :
Droit de vivre,
Droit au travail,
Liberté du travail,
Organisation du travail par l'association.
Tant que les sociétés ne seront pas constituées de la base au sommet sur ce dogme, la loi de la force brutale les dominera ; l'homme demeurera le jouet de la fatalité : les révolutions seront suspendues sur nos têtes.

19.

LE DOGME POLITIQUE.

Les droits sociaux ont pour sauvegarde, pour bouclier, les *libertés politiques*, savoir :
La liberté de la presse,
La liberté d'association,
L'égalité devant la loi,
L'admission de tous les citoyens aux emplois publics,
L'abolition de tous les titres nobiliaires et de tous les priviléges d'argent,
Le suffrage universel.
Les libertés politiques, premières conquêtes des révolutions, fondent les gouvernements justes et préparent les transformations sociales.

20.

Le Gouvernement.

Mille formes de gouvernement ont pesé sur le monde et le dominent encore.

La première entre toutes les nations, la France possède un gouvernement légitime, c'est-à-dire un gouvernement émanant du droit de tous, et qui organisera toutes les libertés.

Les gouvernements sont faits pour les peuples et non les peuples pour les gouvernements.

Dans le passé, gouverner signifiait comprimer et exploiter.

En ce sens, tout ce qui était perdu pour le gouvernement était gagné pour la liberté.

Mais gouverner signifie véritablement :

Protéger et diriger.

Protéger tous les droits, diriger toutes les forces.

21.

Le Suffrage.

Le gouvernement appartient aux plus dignes.

Le moyen légitime de constituer le gouvernement à tous ses degrés, c'est l'élection par voie de suffrages.

L'élection est bien faite quand les électeurs,

1° Ont intérêt à bien choisir,

2° Connaissent la fonction qu'il s'agit de diriger,

3° Connaissent l'homme qu'ils choisissent.

En matière d'élection, la majorité fait loi et doit être obéie ; mais elle ne suppose ni la vérité ni la justice absolue.

L'ignorance formant le point de départ de l'humanité, l'homme de génie qui découvre une vérité ou proclame le premier un droit, est d'abord seul contre tous. Il meurt martyr.

Peu à peu une minorité se groupe autour de l'idée nouvelle ; puis, à force de luttes, la minorité d'hier devient la majorité de demain.

Toutes les constitutions sociales doivent donc s'agrandir et se transformer progressivement.

En fait, il faut que la majorité gouverne, mais sans

briser le droit de la minorité : il n'est pas plus juste d'opprimer la minorité que d'opprimer la majorité.

La République est le règne du droit de tous : voilà son caractère de légitimité absolue.

De même, le caractère de la justice absolue d'une loi, c'est d'être juste pour tous sans exception.

Le caractère de la bonté, de la moralité absolue d'un acte, c'est d'être utile à tous.

22.

L'Ordre et la Liberté.

La politique, ou art de gouverner, repose sur deux principes :

L'ordre,

La liberté.

Jusqu'ici, ces deux principes luttèrent l'un contre l'autre. L'ordre ne résultait que de la compression des libertés, de la négation des droits : c'était l'ordre faux.

« L'ordre règne à Varsovie ! »

« L'ordre est rétabli à Milan ! »

C'est l'ordre faux qui produit toutes les explosions de la liberté.

L'ordre vrai grandira par le développement même de la vraie liberté.

Quand le droit social sera constitué, l'anarchie disparaîtra du monde ; un ordre inébranlable lui succèdera.

23.

Liberté, Égalité, Fraternité.

La politique juste a été résumée par nos pères dans cette formule :

Liberté, Égalité, Fraternité.

Liberté voulait dire affranchissement du triple despotisme féodal, monarchique et sacerdotal.

Égalité signifiait destruction des castes, jouissance pour tous des droits politiques ;

Fraternité était le cri d'amour d'un peuple régénéré et libre ; il marquait l'idéal religieux de la République.

Mais l'idée révolutionnaire s'est mûrie.

A chaque génération son œuvre. Nous marchons, nous, à la conquête du dogme social.

Que seraient, en effet, ces mots sublimes, liberté, égalité, fraternité, sans la révolution sociale ?

Un mensonge.

Celui-là est-il vraiment libre que la misère enchaine, que l'ignorance dégrade, que la faim livre sans défense au despotisme de l'argent ?

A quoi sert l'égalité politique, quand la fortune, partage du petit nombre, ouvre seule l'entrée des carrières brillantes , donne seule bien-être et considération ; quand la pauvreté marque d'un cachet de mépris et de brutalité les travaux abandonnés à la multitude?

Enfin où trouver la FRATERNITÉ dans un monde voué par sa constitution sociale à la lutte, à la haine, à la trahison; où le vieillard et le faible sont abandonnés sans pitié; où la concurrence anarchique, les fourberies commerciales empoisonnent toutes les relations, où l'hypocrisie des sentiments et l'égoïsme effréné empoisonnent toutes les âmes.

24.

S'arrêter aux libertés politiques serait donc une illusion; mais aussi, espérer la réalisation du droit social par une autre voie que celle des libertés politiques, serait une dangereuse folie.

Gardons précieusement ces saintes libertés, conquises avec le sang du peuple. Sous leur impulsion puissante l'humanité marchera à pas de géant vers sa destinée de justice et d'harmonie.

Songer à l'arrêter, ce serait vouloir arrêter le soleil

Imp. de Mme de Lacombe, 42, rue d'Enghien.

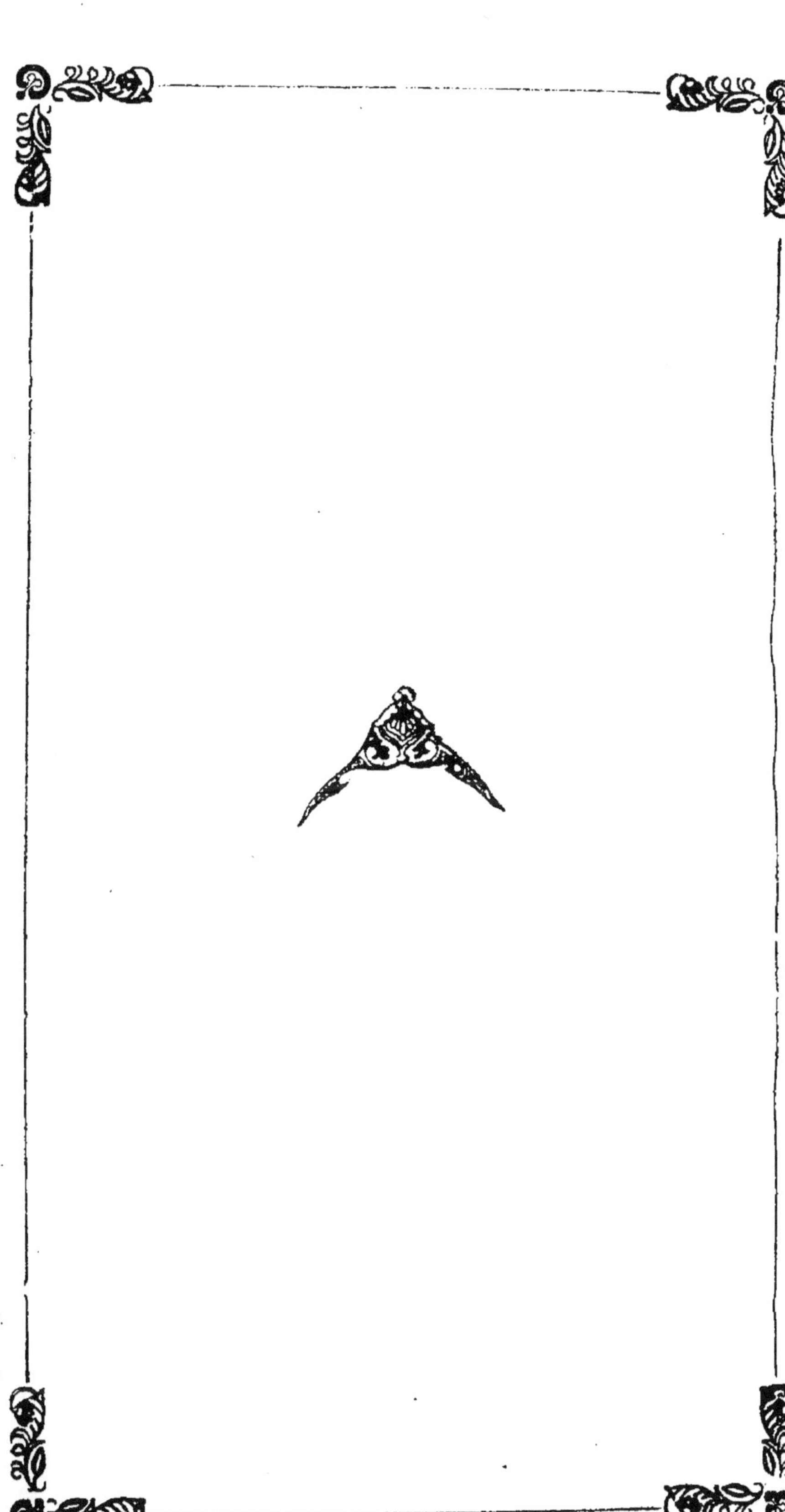